Dieses Buch gehört

Liebe Eltern,

wir wollen Ihr Kind beim Lesenlernen unterstützen, und zwar mit spannenden und lustigen Geschichten.

Unsere Bücher mit der liebenswerten Bildermaus begleiten Ihren Sohn oder Ihre Tochter durch die Vorschule. Sie enthalten kurze Geschichten mit einfachen Sätzen sowie großer und leicht lesbarer Schrift. Hauptwörter werden durch kleine Bilder ersetzt. Lesen Sie die Geschichten vor und lassen Sie Ihr Kind die Bilder selbst benennen. Am Ende finden Sie eine Bild-Wörterliste mit den einzelnen Bedeutungen. Viele bunte Illustrationen sorgen außerdem für Lesepausen und helfen, die Geschichte zu verstehen.

So wird der Spaß am Lesen geweckt, und Ihr Kind wird ganz nebenbei von der Bildermaus zum echten Leselöwen!

Ihre

Bildermaus

THiLO

Geschichten vom Traktor Bulli

Illustriert von Michael Böhm

www.bildermaus.de

ISBN 978-3-7855-7621-2
3. Auflage 2020
© 2013 Loewe Verlag GmbH, Bindlach
Umschlag- und Innenillustrationen: Michael Böhm
Umschlaggestaltung: Michael Dietrich
Vignetten Bildermaus und Sticker: Angelika Stubner
Reihenlogo nach einem Entwurf von Angelika Stubner
Printed in the EU

www.loewe-verlag.de

Inhalt

Kälbchen in der Grube

Der 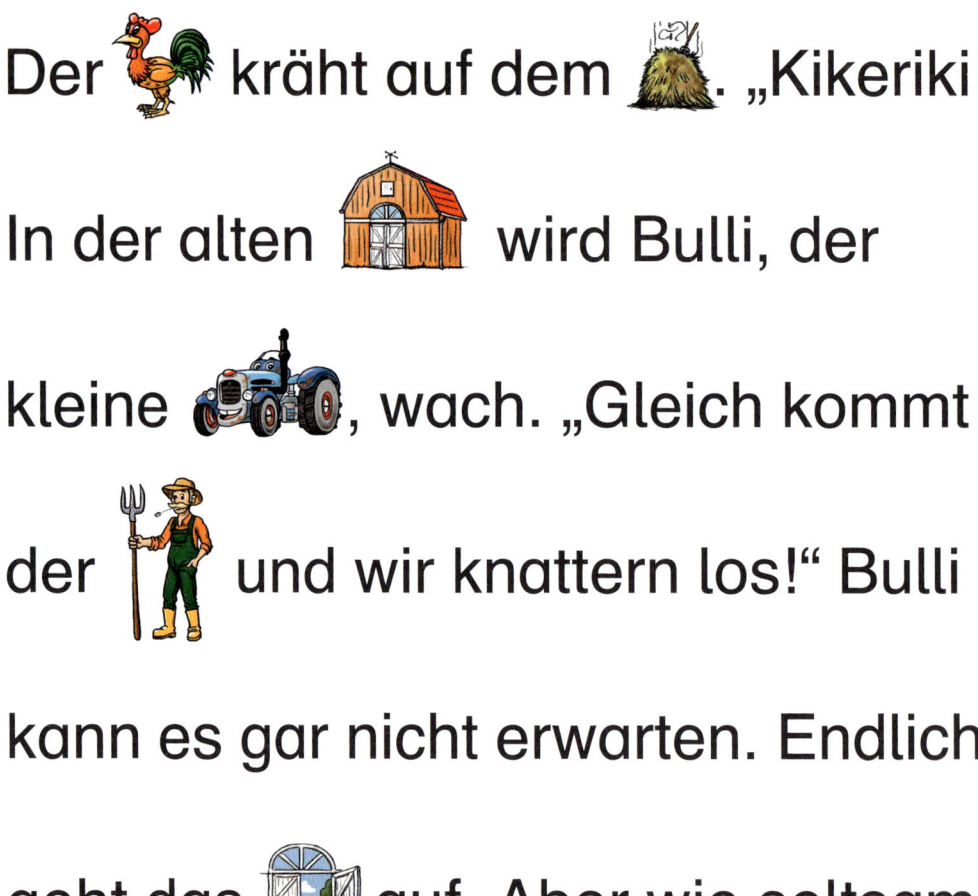 kräht auf dem ⬛. „Kikeriki!"

In der alten ⬛ wird Bulli, der

kleine ⬛, wach. „Gleich kommt

der ⬛ und wir knattern los!" Bulli

kann es gar nicht erwarten. Endlich

geht das ⬛ auf. Aber wie seltsam!

Der ⬛ hat heute gar keine ⬛ an!

Er trägt einen feinen blauen .

„Bulli, ich will mir in der  ein

schönes  kaufen", sagt der .

„Bei dir geht ja schon die  ab."

Traurig fährt der kleine  allein

los. Bis zur .

„Bulli, Bulli!", muhen die

aufgeregt. „Das  von Rosa ist

in eine  gefallen. Du musst uns

helfen!" Bulli schaut erschrocken.

Dann rast er wie der  zum

zurück.

Dort liegt ein langes . Er hängt

das  an seine . „Achtung!",

schreit er wie ein . Dann schiebt

er das  in die . Langsam

wackelt das  heraus. Es muht

glücklich. Und Rosa, die , auch.

Zufrieden fährt Bulli in die

zurück. Plötzlich kommt der

zum  herein. „Oje", denkt der

kleine . „Jetzt bringt er mich

zum !"

Aber warum trägt der  seine ?

„Bulli, was war ich für ein !",

ruft der  laut. „Ich habe mir zehn

schöne  angesehen. Aber

keines gefiel mir so gut wie du!"

Der Hühnerdieb

Bulli, der kleine , steht neben

dem . Der  ist sauer. „Schon

wieder fehlt ein !", brummt er.

„Das hat bestimmt der  geholt!"

Die  gackern durcheinander.

„Nein!", rufen sie. „Das war ein !"

Aber der  versteht sie nicht.

Er fährt in die  und kauft

eine  für den . „Du musst

uns helfen, Bulli!", bittet Gunilla,

das älteste . „Einverstanden!",

sagt der kleine .

Er knattert im  um den

herum. So kann er am besten

denken. Plötzlich fährt er gegen

einen . Daneben liegt ein .

„Ich hab's!", ruft der kleine .

„Wir bauen eine  für den !"

Als die  untergeht, öffnet Bulli

das  der  . Zusammen mit

dem  Lofti tuckert Bulli zum  .

„Du musst mich nun in ein

verwandeln", bittet er das  .

Lofti nimmt den  ins . Dann

malt das  Bulli ein riesiges

auf die . Mit großen 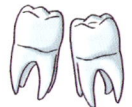. Leise

rollt der kleine  zum .

„Geht in euer 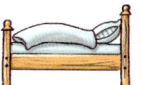!", flüstert Bulli

den  zu. „Ich bewache euch."

18

Bald ist es ganz dunkel. Die

vom  schlägt zwölf. Da huscht

plötzlich ein  zum . „Das

muss der  sein!", glaubt Bulli.

Als der  das  öffnet,

macht Bulli seine  an.

Die  sehen nun wie  aus.

Und darunter ist das riesige  .

Der  des kleinen  knattert

wütend. „Huaah!", schreit der  .

„Ein  !" Schnell wie der

rennt er davon.

„Bravo, Bulli lebe hoch!", gackern

die . „Ihr müsst auch Lofti

danken", verrät der kleine .

„Ohne ihn wäre ich nie zum

geworden!"

Der Bauer ist krank

Bulli, der kleine , wartet auf

den . Doch der kommt nicht.

Vorsichtig fährt Bulli zum .

Er guckt in ein . „Der  liegt

ja noch im !", staunt Bulli. Er

schaut genauer hin. Was ist das in

seinem ? O nein, ein !

„Oje!" Der  hustet. „Wer kümmert

sich bloß um meinen 🏠? Ich

bin ja so müde …" Sofort schläft

er wieder ein.

Der kleine  schnauft. Es gibt

doch so viel zu tun auf einem !

Mit seiner  öffnet er das

zum . „Mir nach!", ruft er.

Alle   folgen ihm auf die .

Dann knattert Bulli zur . Lofti,

das , kommt nicht an sein

heran. Vorsichtig schiebt Bulli

die  bis vor Loftis .

„Danke, Bulli!", schmatzt das .

Jetzt ruft ihn Gunilla, das .

„Bulli, wo bleiben unsere ?"

Der kleine  hängt einen

voller  an seine . Vor

dem  kippt er die  aus

und öffnet das .

„Mich beißt ein !", grunzt Metti,

das 🐷. „Ich brauche 🟤!" Bulli

zieht den 🔴 bis zu Metti hin.

Das 💧 plätschert. Bald gibt es

genug 🟤.

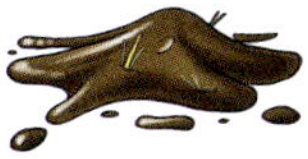

Das  rollt sich zufrieden

im 🐷. „Danke!", grunzt Metti.

„Der 🦗 ist weg!" Plötzlich kommt

ein 🐦 geflogen. „Es gibt 🌧, "

krächzt der 🐦. „Du musst die 🥔

setzen!"

Bulli holt den aus der

und zieht tiefe  auf dem .

Dann hängt er den  mit

den  an seine . Eine

nach der andern fällt in die .

Kaum ist der kleine  fertig,

ruft ihn Rosa, die  : „Bulli,

wir müssen gemolken werden!"

Müde führt der kleine  die

in den  . Als er vor der

steht, kommt der  aus der  .

30

„Jetzt muss ich mich aber dringend um meine  kümmern", schnauft er. „Schon erledigt", denkt Bulli stolz. Dann schläft der kleine zufrieden ein.

Überraschung

Bulli, der kleine , steht in

der . Er will zur  fahren.

Fröhlich tuckert er zum . „Halt!",

ruft da Lofti, das . „Der  ist

ausgegangen. Du musst in der

bleiben!" Bulli ist empört. „Ich will

aber nicht!", antwortet er.

Doch Lofti stellt sich in den .

Auf einmal wird es vor dem

sehr laut. Bulli hört ein  gackern.

Ein  grunzt. Und die

muhen.

„Was ist denn heute auf dem

los?", wundert sich Bulli. „Jetzt!

Macht das  auf!", ruft Gunilla,

das , plötzlich. Lofti öffnet

das  mit seinem .

34

Der kleine  knattert nach

draußen. Vor der  stehen

alle  des . Alles ist

mit  und  geschmückt.

„Bulli lebe hoch!", ruft  Metti.

„Hoch, hoch, hoch!", antworten

alle . Bulli läuft eine  über

die . „So schön wie ihr hat

mich noch niemand überrascht",

sagt der  glücklich.

Rosa, die  , tritt vor. „Du hast

mein  gerettet", muht sie.

„Du hast meinen  verjagt",

grunzt Metti. „Du hast uns die

gebracht", gackern die .

„Und für den  hast du sogar

die   gesetzt!", krächzt der .

Bulli lacht. „Aber das mache ich

doch gern!", sagt der kleine

fröhlich.

38

„Das wissen wir!", rufen die

anderen  . „Bulli lebe hoch!",

jubeln sie gemeinsam. Dann wird

auf dem  gefeiert, bis die ☀

untergeht.

Die Wörter zu den Bildern:

 Stadt

 Hahn

 Auto

 Misthaufen

 Farbe

 Scheune

 Weide

 Traktor

 Kühe

 Bauer

 Kälbchen

 Tor

 Grube

 Arbeitshose

 Blitz

 Anzug

 Bauernhof

 Brett

 Falle

 Anhänger-
kupplung

 Kreis

 Polizist

 Farbeimer

 Schrottplatz

 Pinsel

 Ochse

 Sonne

 Hühnerstall

 Pferd

 Huhn

 Monster

 Fuchs

 Maul

 Dieb

 Gebiss

 Motorhaube

 Haus

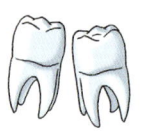 Zähne

 Fenster

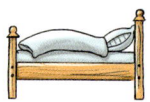 Bett

 Mund

 Glocke

 Fieber-
thermometer

 Kirchturm

 Kuhstall

 Schatten

 Heu

 Scheinwerfer

 Schubkarre

 Augen

 Körner

 Motor

 Eimer

 Floh

 Furchen

 Schwein

 Feld

 Schlamm

 Anhänger

 Schlauch

 Tür

 Wasser

 Tiere

 Rabe

 Weg

 Regen

 Federn

 Kartoffeln

 Blumen

 Pflug

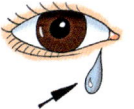 Träne

Die ersten 20 Lebensjahre verbrachte **THiLO** in der Kinderecke der elterlichen Buchhandlung. Heute lebt er mit seiner Familie in Mainz und schreibt neben seinen Romanen auch Drehbücher fürs Fernsehen. Mehr über THiLO und seine Geschichten erfahrt ihr im Internet unter www.thilos-gute-seite.de.

Michael Böhm, 1974 in Dortmund geboren, lebt mit seiner Frau und einem bunten Rudel Zwergkaninchen in Hamburg. Von Kindesbeinen an sieht man ihn kaum ohne Papier und Bleistift. Heute entstehen seine Illustrationen hauptsächlich digital am PC. Mehr über Michael Böhm erfahrt ihr unter www.digillani.com.

Noch mehr Lesespaß!

ISBN 978-3-7432-0760-8

ISBN 978-3-7432-0754-7

ISBN 978-3-7432-0999-2

ISBN 978-3-7432-0759-2